2023年12月20日発行　通算387号

2023年 12月号 No.387

ボランティア・市民活動を広げ、応援する！

ネットワーク

特集　身近な自然にすむ動物たちのこと

思い立ったがボラ日《じつ》

このコーナーでは、毎回一つの団体を取材し、活動内容やそこで活動するボランティアさんの生の声をお届けします。

寄贈された車いすを海外に送るために
～NPO法人 希望の車いす～

今年も大好評のうちに終了した「夏の体験ボランティア」。今回は参加した中学2年生の体験レポートです！

私は、夏休みにNPO法人希望の車いすの活動に参加しました。寄贈された中古の車いすを海外に送るために、整備・点検を行うというものです。参加のきっかけは、学校で「ボランティア活動をしてみよう！」という課題が出たことです。数ある夏ボラの活動の中でこれを選んだのは、ウクライナに車いすを贈っているということが書いてあったからです。戦争で大変な状況にあるウクライナの人たちの役に立つことができるなら、やってみたいと思ったのです。

車いすの整備・点検は作業工程がたくさんあるため、分担して行いました。私は、座面シートの取り付け、タイヤのスポーク＊磨き、前輪の取り付けの3つを担当しました。座面シートの取り付けでは、なかなかネジが入らず苦労しました。結局、キリで少し穴を広げてネジを通しました。10個ほどのネジをドライバーで取り付けるだけなのに、30分もかかってしまいました。次に、タイヤのスポーク磨きでは、防錆スプレーをかけた研磨パッドでスポークの汚れや錆を取り除きました。その作業は、力を入れてたくさん磨くと、かなり綺麗にすることができて嬉しかったです。そこまでピカピカにしなくても機能に問題はありませんが、職員（ボランティアスタッフ）さんの話を聞いているとできるだけ綺麗にして使う人に届けたいという想いがすごく伝わってきて、私もピカピカにしたいと思いました。最後の前輪の取り付けは、パーツが多くて順番通りに取り付けるのが難しかったです。また、タイヤの回り具合を見ながらネジを締める作業は、どのくらい締めればよいのか加減が分からず苦労しました。

作業後には、職員さんが車いすに関すること、活動に関することを詳しく話してくれました。車いすには、思っていた以上にたくさんの種類があることが分かりました。コンパクトに畳むことができるものもあれば、倒すとベッドのようになるとても大きいものもあり、使う人に合った車いすを提供しているのだそうです。

次に、車いすの乗車体験をさせてもらいました。私は、小学生のときに乗車体験をしたことがあり、そのときは楽しいと思っていました。しかし、今回乗ってみて、車いすを使う人の大変さを痛感しました。思ったよりも操作が難しく、なかなか小回りが利きません。とくに、Uターンしようとすると時間がかかるし、狭いスペースではUターンできないことも分かりました。さらに、自力では小さな段差さえも上り下りができませんでした。街中ではスロープがついている場所は限られていて、車いすの人にとってはとても不便に違いありません。これからは、困っていそうな人がいたら思い切って声をかけてみようと思いました。車いすを押す体験と押される体験もしました。押されていて、段差で前輪が持ち上がるときに少し怖いと感じました。自分が押すときには、「持ち上げるときには必ず声掛けをする」ということを教えてもらったので、それは忘れないようにしようと思いました。

学校でボランティア活動の課題が出されたとき、実は、面倒くさそうだと思いました。でも、実際にやってみたら面白かったし、たくさんのことを学ぶことができました。そして、誰かのために何かをすることで、自分の心も充実することを知りました。

希望の車いす
HP

＊輻（や）とも呼ばれる。車輪の中心から放射線状に伸びる線状の部品。

CONTENTS《もくじ》

ボランティア・市民活動を広げ、応援する！
ネットワーク
2023年12月号 No.387

深める ボランティア・市民活動に役立つ視点や情報をお届けします。

特集 身近な自然にすむ動物たちのこと

知る ボランティア・市民活動のさまざまな形や ボランティアに一歩ふみだすヒントをご紹介します。

表紙のことば
いちねんが過ぎて、あたらしい年が巡り来ます。
失くしたものが多いと思っていたけど、全てが私という風呂敷に包まれて昨日と同じ明日を迎えます。
―フローラル信子

特集

身近な自然にすむ動物たちのこと

あなたはいくつご存知ですか？

□ 東京には実はたくさんのタヌキがすんでいる。

□ ほかにも、ほ乳類だけでも40種以上の動物がすんでいる。

□ 葛西海浜公園は水鳥の来る湿地として国際条約にも登録されている。

□ 今年はクマとの遭遇が各地でニュースになったが、
実はシカの数は80年代当時の7倍以上に増えている。

□ 動物の生息状況を知ることは生態系保全のために非常に重要。
目撃情報等を広く募っているプロジェクト等もある。

今回の特集では、実は身近にいる野生動物に目を向け、
さらに野生生物と「ともに生きる」ことについて考えたいと思います。

この機会にぜひ野生動物を知ってください。
もちろん、もとから動物好きなあなたも。

寄稿

私たちにとっての野生動物
～これからのあり方を考える～

高槻成紀（元麻布大学教授）

９０年代から急増したシカ

　この秋、毎日のようにクマの事故が報じられている。これまでにないことだ。私は野生動物の研究をしてきたが、８年前に大学を定年退職した。現役の頃にもシカが増加して問題となり、私はシカの研究をしていたので、シカ問題にも関わってきた（『シカ問題を考える』（ヤマケイ新書）など）。だが、クマの問題は今とは大きく違っていた。当時も時々クマが里山に出て話題になることはあったが、人身事故は限定的だった。そして里山に出て人身事故が起きた時に２０００頭ほどが駆除されて、このままではクマがいなくなる恐れがあると心配されるほどだった。現在との違いは何で、それはなぜなのだろうか。

　私は『シカ問題を考える』にシカの特徴などを説明した後、なぜ１９９０年代以降になって急にシカが増えたのかを考えた。動物の数は詰まるところ、生まれる数と死ぬ数のバランスで決まる。生まれる数はメスの栄養状態に関係し、シカの食物が増えれば妊娠率が高まって出生数が増えるから、１９９０年代前後でシカの食物になる植物が増えたかを調べたが、森林の伐採とか牧場の造成などが起きたのは１９６０年代や１９７０年代であり、対応していなかった。では死ぬ数の方はどうだろうか。自然状態ではシカの死亡はほとんど冬から春に起きる。しかも子ジカの死亡が多い。そこで考えられるのは近年の暖冬によって雪が少なくなり、子ジカの死亡率が下がったのではないかということである。それは確かに起きていそうだが、説明がつかないのはシカの増加は雪の少ない、南西日本でも起きていたということである。シカの狩猟圧が減った可能性も考えた。ハンター一人当たりの捕獲数は増えているものの、ハンターの数は大きく減少し、全体としては狩猟数は減っている。が、これも１９８０年代のことである。

　こうして、どの要因も１９９０年代以降のシカの増加を説明できなかった。ただ一つこの時代に連動して起きていたことがある。それは「農山村の過疎化」である。人が少なくなり、高齢化したために、山村の自然の管理ができなくなったということである。昭和の高度成長期以前の日本の農山村は人が多く、活気があり、文字通り目の届く範囲が徹底的に管理され、雑草や低木はこまめに手入れされていた。そのことが１９９０年代以降の過疎化によって

(左) 宮城県金華山のシカ。
(下) 宮城県金華山のシカ柵内外のようす。柵を作って10年ほどしたら、柵内は林に、柵外は芝生になってしまった。
(以上、写真提供=高槻成紀)

(右ページ) ツキノワグマ=この秋本州各地でニュースになっているクマ。北海道にすむヒグマとくらべるとひとまわり小柄だ。

崩壊したことがシカの増加に繋がった可能性が大きい、これが『シカ問題を考える』に書いた私の結論であった。2015年のことである。私は今後、この傾向は強くなるだろうとは書いたが、正直、それは20年か30年先のことだと思っていた。しかしそれが10年も経たないで、しかも突然、大規模に起きてしまった。報道では「もしクマに出逢ったら」のノウハウなどが説明される。それは必要であるが、私たちはこのことの本質を捉えないといけない。

豊かな自然と農山村の過疎化

まず日本列島の自然を知る必要がある。日本列島は多湿であり、年降水量は1500ミリほどの場所が多い。夏は高温であり、蒸し風呂の中にいるようになる。そのことは植物にとって極楽のような環境であることを意味する。そのため、森林が列島を覆っている。日本の農業とはこの森林を切り拓き、田んぼのために水を管理することであったといえる。「あとは野となれ山となれ」という言葉は、農業管理をしなければ、植物が繁茂し、あっという間に「山」、つまり林になるという意味であり、日本列島がいかに植物にとって恵まれた環境であるかを示している。石油産出国の富豪が豪邸を建てて庭にスプリンクラーをつけて草が生えるのを見るのが贅沢だとされるのに比べ、日本では林になることは農民の怠慢を意味したのである。

そのような豊かな自然に飲み込まれるようにして暮らしていたのが日本人であり、半世紀ほど前まで農業は日本社会を支える産業であった。戦後の経済復興とそれに続く高度成長は農山村から都会への人の流れを促した。それでも1970年代くらいまでは農山村に人は多くおり、過疎といえるほどではなかった。農山村に留まった人々が高齢化し、農作業ができなくなったのが大体1990年代である。

こうした変化は、例えば田畑とその背後にある林の間にある空間に変化をもたらした。かつてここは丁寧に刈り取られ、見通しが良かった。こういう場所はクマをはじめとする野生動物にとっては恐ろしい区間であった。それが放置してやぶ状態になったために、野生動物は侵入しやすくなった。

とりわけ、今年のツキノワグマと人との出会いと事故には驚くべきものがある。説明によれば昨年がドングリの豊作で子グマがたくさん生まれたところに、今年はドングリが凶作になったため、クマが人里に降りてきたということだ。確かに子連れのメスグマは攻撃的だとされる。私たちが知っておかなければならないのは、野生動物の成長の速さである。クマを含め多くの野生動物は1年で大人並みの大きさになり、数年で繁殖可能になる。私たちヒトは例外的に成長が遅いために、5歳と聞くと幼児のように思いがちだが、5歳のクマといえば立派なおとなであり、シカであれば早い個体は2歳でも出産する。新生児にとっては人里近い

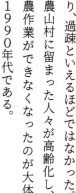

場所が「ホーム」であり、そのすぐ近くに人里があり、ニアミスの確率は急速に高まっているはずである。

一つ注目しておくべきは、戦後、農山村で炭焼きをしなくなったことである。燃料革命が起きて炭はいらなくなり、炭をとっていた雑木林はスギやヒノキの人工林に作り替えられた。これが育って1970年代くらいから日本中の林が暗い針葉樹林になった。野生動物にとって針葉樹林は食物がなく暮らしにくい林であり、いわば野生動物の「受け皿」がなくなってしまった。

適切な共存を見据えた対策を

思えば、私たち人間は日本列島への新参者であり、クマやシカの方が遥かに前からの住人である。農業被害や人身事故が起きているのだから、しっかりした安全対策を考えなければならないが、しかしそれは野生動物の絶滅であってはならない。対症療法的には駆除することは必要であるが、適切な共存のためには、農山村で起きている環境の大変化に手をつけなければ問題は解決しない。その遠因が戦後の都市優先の政治にあることを認識し、場当たり的な対策ではなく、日本の農山村をどのようにするかの長期的ビジョンを見据えて対策を考えなければならない。

ここではクマ問題を取り上げたが、シカやイノシシの出没に警察官が出て、危険な捕獲をしているのを見かける。しかし警察官は野生動物の生態学や行動学を学んでおらず、これからの行政には野生動物の専門家がいるシステムが不可欠であることも申し添えておきたい。

高槻成紀（たかつき・せいき）
1949年生まれ。東北大学、東京大学、麻布大学を歴任。専門は生態学、保全生態学。ニホンジカの研究を続ける一方、最近は玉川上水の生き物を調べている。著書に「野生動物と共存できるか」「動物を守りたい君へ」「都市のくらしと野生動物の未来」（岩波ジュニア新書）、「唱歌「ふるさと」の生態学」「シカ問題を考える」（ヤマケイ新書）、「シカの生態誌」「哺乳類の生物学５生態」（東京大学出版会）、「タヌキ学入門」（誠文堂新光社）など。

編集部 presents 〜 もっと知りたいあなたへ 〜

都会の鳥の生態学　カラス、ツバメ、スズメ、水鳥、猛禽の栄枯盛衰

唐沢孝一著 / 中央公論新社
2023年 / 256ページ / 1,050円+税
ISBN:9784121027597

登場するのは誰でも知る鳥や都会とは無縁と思う鳥。その生きざまはまさかという発見の連続。著者による野鳥たちの一瞬を撮らえた写真が目を惹く。読み終えるといつの間にか空を見上げて鳥の姿を探したくなる。

シカ問題を考える　バランスを崩した自然の行方

高槻成紀著 / 山と溪谷社（ヤマケイ新書）
2015年 / 218ページ / 800円+税
ISBN:9784635510097

シカの数はここ数十年で激増した。いまや大量の植物を摂食し、山々に生える植物の種類や森林景観までも変えつつある。シカの生態を長年研究テーマとしてきた著者が、その実状と原因を考察しつつ、今の社会のあり方を私たちに問いかける。

東京　消える生き物　増える生き物

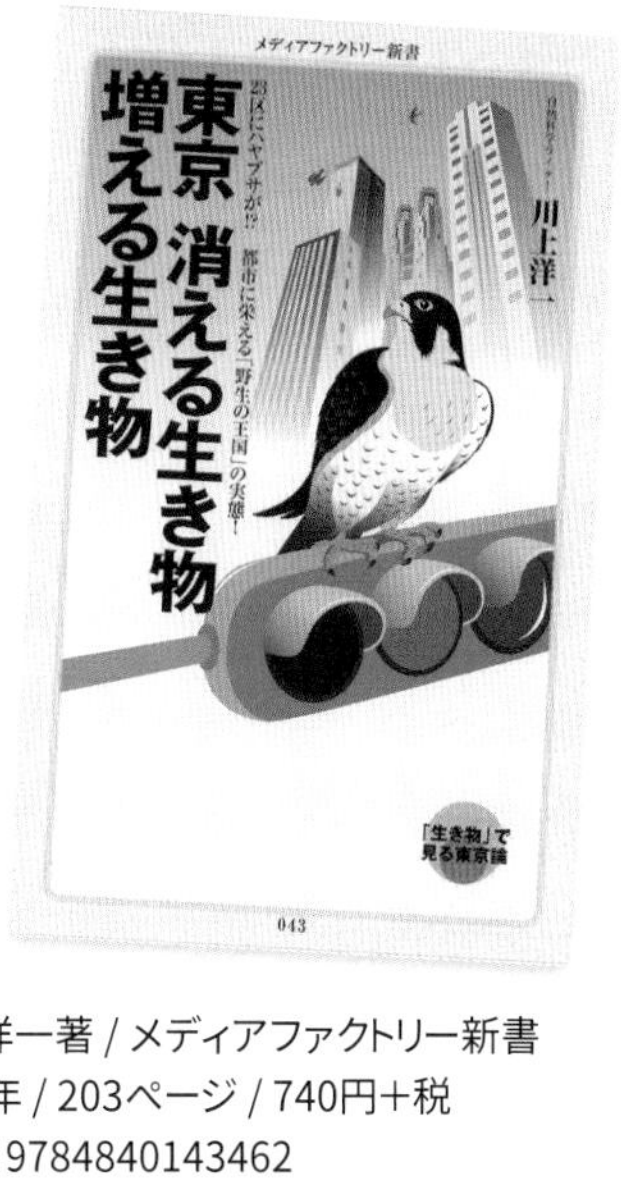

川上洋一著 / メディアファクトリー新書
2011年 / 203ページ / 740円+税
ISBN:9784840143462
※紙書籍在庫切れ、電子書籍販売中

「自然」には決まった形はなく、さまざまな要因によって動的に有機的にその姿を変えていく。東京という人間活動の影響が支配する世界の“生態系”にクローズアップするうち、そのダイナミズム、あるべき未来、共生のヒントまでもがおのずと見えてくる。

東京の野生動物の今

❶ 野鳥観察ノススメ

（上）カワセミ。個体数が増えたようで、東京でも”普通の”鳥になりつつあります。善福寺公園にて。（左上）求愛給餌するコアジサシ。オス（左）がメスにアピールするために魚を運びます。葛西海浜公園にて。（左下）ソウシチョウ。美しい鳥ですが、特定外来生物に指定されています。井の頭恩賜公園にて。

中村忠昌《ただまさ》

技術士（環境部門）。東邦大学理学部非常勤講師。子どもの頃から始めた野鳥観察がきっかけで、「生きもの好き」の道に。大学・大学院で造園学を学んだのち、民間会社に勤務。葛西臨海公園鳥類園や谷津干潟自然観察センターの運営に関わったのち、2020年にフリーランスの環境コンサルタントとして独立。東京湾の生きもの観察をライフワークにしている。

最近、都内の公園では、双眼鏡やカメラを持って散策している方をよく見かけます。バードウォッチングという趣味が、市民権を得てきているのでしょう。鳥を見る人が増えたのは、鳥の側の変化も理由かもしれません。「水辺の宝石」とも呼ばれたカワセミは、都内ではもうあちこちで見られます。猛禽類《もうきんるい》のオオタカは、23区内の複数の場所で繁殖していることが知られています。野鳥観察だけでなく、野鳥そのものが、わたしたちに身近になったと言えるかもしれません。

これから野鳥観察を始める方に、まずオススメしたいのは、水辺に行ってみることです。有名なカルガモの他に、カイツブリやカワウといった水中に潜る種や、コサギやアオサギなどのサギの仲間に出会えるでしょう。冬にはさらに何種類もカモの仲間が北国から渡ってきます。小鳥に比べると体が大きく、動きもゆっくりした水鳥は、観察にはうってつけです。双眼鏡と小さな図鑑があれば、すぐに楽しめます。

都内のお薦めスポットは、例えば水元公園（葛飾区）や石神井公園（練馬区）、井の頭恩賜公園（武蔵野市／三鷹市）。大きな池の周囲には樹林もあり、より多くの野鳥が生息しています。大田区にある東京港野鳥公園には、解説員が常駐しています。2018年にラムサール条約登録湿地＊となった葛西海浜公園（江戸川区）も一度は行ってほしい場所です。

野鳥観察は楽しい趣味ですが、続けていくといろいろと気づくこともあるでしょう。例えば、都内にはワカケホンセイインコやソウシチョウという外来種が増えています。コアジサシという小型のカモメの仲間は、毎年ゴールデンウィークの頃に渡ってきますが、営巣場所である砂浜や砂礫《されき》地がほとんどありません。ある施設の屋上に人工的な営巣場所を用意していますが、それでも十分とはいえません。干潟にやってくるシギやチドリの仲間は世界的に減少していて、東京湾にわずかにやってくる数さえも減っています。

「東京の野生動物の今」を知るには、野鳥観察はそれを直接体験できる趣味とも言えます。観察することで、野鳥の美しさを感じるとともに、その貴重さや生息環境の問題などにもぜひ想いを馳せてください。

＊特に水鳥の生息地として重要な湿地を守るための国際条約（1971年採択）。採択の地イランのラムサールにちなみ「ラムサール条約」と呼ばれる。締約国172か国、日本国内の登録地53か所（2021年現在）。

❷東京（東京以外も）のタヌキ（タヌキ以外も）を市民が調査!!

東京都23区
タヌキ目撃情報分布図
（2015年～2017年）

東京タヌキ探検隊！
ホームページより

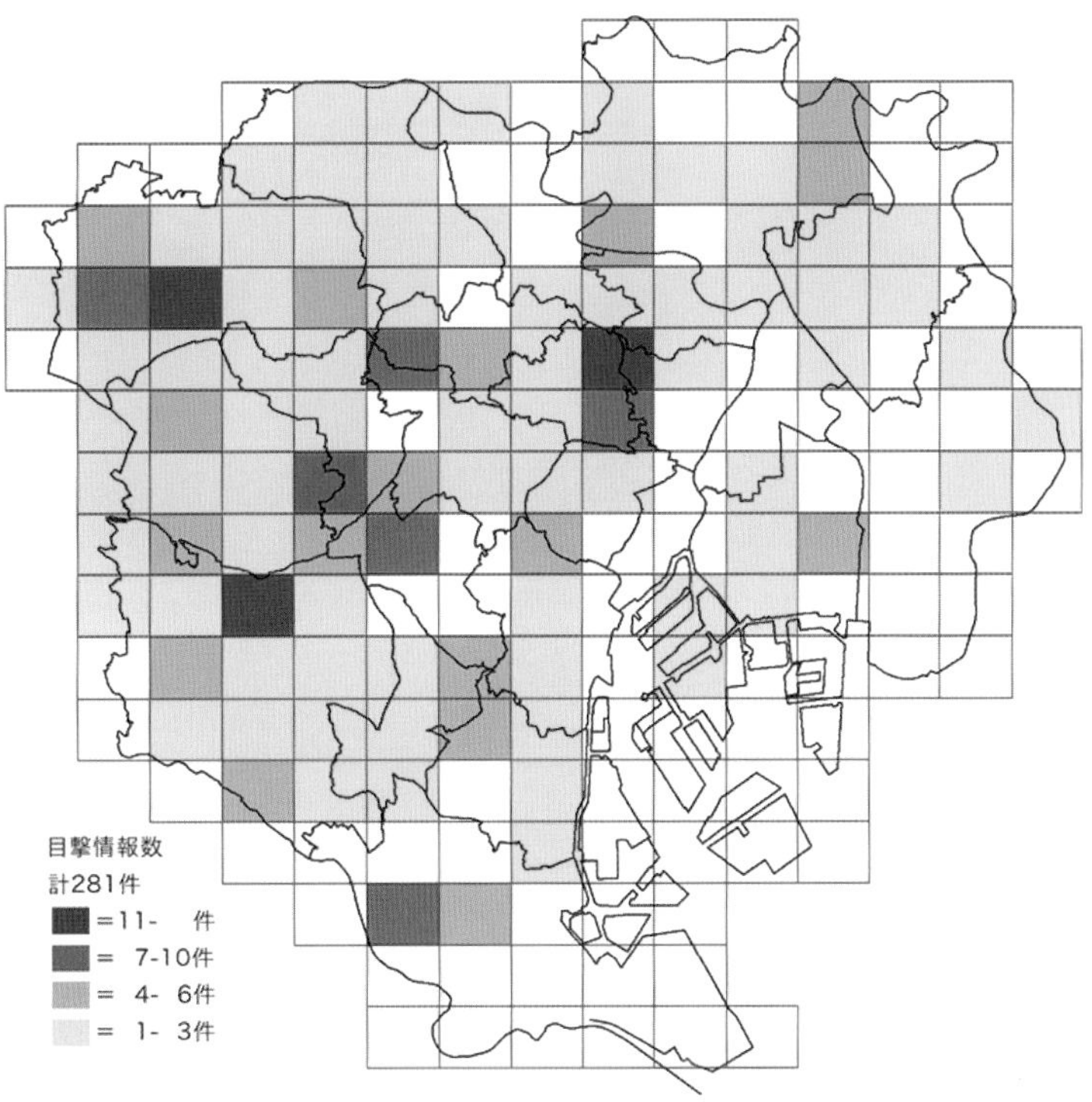

東京タヌキ探検隊！ 宮本拓海《たくみ》（隊長）

東京タヌキ探検隊！・東京コウモリ探検隊！隊長。タヌキ、ハクビシン、アライグマ、アブラコウモリなどのアマチュア研究者として、東京都23区のタヌキ、ハクビシンについて初めて詳細な分布や生態を明らかにした。著書に『タヌキたちのびっくり東京生活 都市と野生動物の新しい共存』（共著、技術評論社）、『動物の見つけ方、教えます！ 都会の自然観察入門』（数研出版）等。

東京タヌキ探検隊！は私、宮本個人による調査研究として1999年にホームページでタヌキの目撃情報の提供を呼びかけたことから始まりました。タヌキの都市での生息の実態を調べるために始めた取り組みです。参加資格のようなものはなく、タヌキなどを目撃したら、日時、場所、頭数などをメールで送信するだけの簡単な方法です。

調査地域は名称と異なり、東京都外の全国も対象にしています。また、調査の初期段階でタヌキの他にハクビシンも生息していることがわかったため、ハクビシン、アライグマ、アナグマ、キツネなど中型の食肉目動物も対象に含めることにしました。これらはタヌキとの区別が難しい場合もある動物です。

2023年10月現在、収集した目撃情報は累計で6333件になります（全国、全動物）。この内、東京都23区に限るとタヌキ2257件、ハクビシン2340件、アライグマ197件、アナグマ32件、キツネ2件です。これだけの情報があれば分布の多寡もわかります。タヌキは大きな公園や河川敷など緑地に依存する傾向があるのに対し、ハクビシンは住宅地にも広く薄く分布しています。一方でアライグマは都市部で数を増やすのは難しいらしいこともわかります。

目撃情報からは生態についてもわかってきました。「民家の庭に置いたネコのエサを食べに来る」という事例は意外と多く、都市部ではタヌキやハクビシンなどが多かれ少なかれネコのエサに依存しているらしいことが推測されます。またタヌキの場合、目撃情報の約12％で疥癬《かいせん》症による脱毛症状が見られています（東京都23区内のみ）。

都市に野生哺乳類が生息していると言っても実際に目撃された経験がある方は少ないでしょう。タヌキなどは生息密度が低く、人間を警戒するために目撃機会が少なく、研究者でも遭遇するのは難しい動物です。東京タヌキ探検隊！は市民の皆様からの目撃情報を集めることで、調査しにくい都市哺乳類の実態を解明しつつあります。目撃情報の収集は今後もずっと継続していきます。東京に限らず、タヌキに限らず、中型の食肉目動物を目撃されましたらぜひ、ご連絡ください。

HP

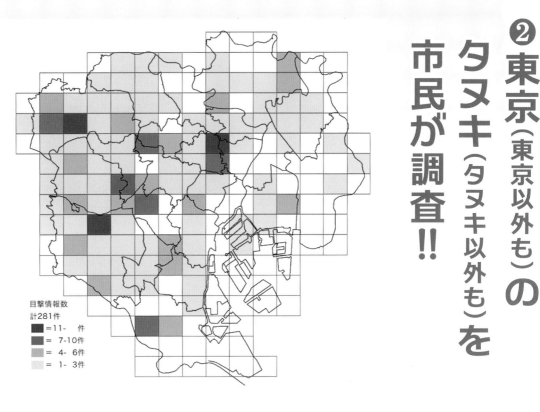

生きものの棲む森を守るまちづくりを

成城みつ池を育てる会

小田急線の成城学園前駅から西に徒歩10分、住宅街の先にこんもりとした森「成城みつ池緑地」(以下、緑地)が見えて来る。貴重な自然生態(系)を保護するため、日頃は緑地内の大部分は立ち入ることができない。取材の日は穏やかな木漏れ日のもと、さまざまな野鳥の声が響いていた。緑地が位置する国分寺崖線は、多摩川が10万年以上もの間、武蔵野台地を削ってできた河岸段丘でその標高差は20m。崖の湧水を水源にした水辺と雑木林からなる緑地は総面積3・3ha、時折、緑地を訪れるオオタカやアナグマをはじめ、昆虫、水生生物、野鳥、哺乳類などが確認されている。およそ40年前に、東京都や世田谷区によって保全がはかられ(詳細は後述)、樹木の伐採や建物の建設などに強い制限がかけられ、開発されずに残ることになった。その経緯について、成城みつ池を育てる会会長の中川清史さんにうかがった。

——住宅が建ち並ぶなか、これだけの豊かな自然が残されたのは奇跡のようです。緑地の成り立ちを教えてください。

昭和30年代(1955〜64)まで、崖の下には水田が広がり、このあたりは資源林でした。既存のアカマツに混じえてクヌギやコナラなどの雑木を育て、生活道具の材料や薪炭として活用する、いわゆる里山でした。その後、周辺の開発に伴う調査により、緑地一帯は1万年前から人が暮らしていた上神明遺跡であることがわかると、地域から遺跡の保存を望む声が高まり、署名運動も行われ、ついに東京都や世田谷区は緑地の保全を決定しました(1978年)。現在、緑地は特別緑地保全地区[*1]と特別保護区[*2]に指定されています。

——遺跡の保存運動を機に、自然の重要性があらためて着目され、開発を逃れた緑地ですが、それだけでは自然を守るには不充分でした。その後に始まった育てる会の活動にどうつながったのでしょうか。

里山は人の手が入ることで生命力を保ちます。保全が決まると、緑地には柵が巡らされ、出入りが禁止され、人の手が入らない状態が長く続きました。荒れてしまった緑地を見て「森も生きものも死んでしまう」と木を切る必要を訴える人、その一方で伐採に反対する人など、当時は地域の意見がまとまっていませんでした。しかし、紆余曲折はありなが

（右ページ）池の泥上げ作業のようす。草刈りや落ち葉かき等の作業も環境や生きものの保全につながる。

（右上）年4回行われる体験教室（観察会）のようす。参加者は緑地保全の仕組みや作業を体感することができる。写真は竹細工をつくっているところ。

（左上）成城みつ池緑地の全体図

（左）コドラート調査のようす。環境調査や動植物調査等では、植物、昆虫、鳥、キノコ等の専門家が協力する。

（以上すべて提供＝一般財団法人世田谷トラストまちづくり）

らも、２００１年、世田谷区の呼びかけで「成城みつ池を考える会」が発足し、地域住民や周辺で活動していたボランティアが参加して緑地を調査し、今後のあり方を話し合いました。その結果、緑地の生物多様性を保全する方針がまとめられ*3、あらためて「成城みつ池を育てる会」を結成（２００３年）、現在は、育てる会、世田谷区、一般財団法人世田谷トラストまちづくりの3者が協働して緑地の保全に取組んでいます。

——異なる意見があっても、地域の賛同を得ながら、手を入れ続け、緑地の自然を守ろうとしていることがわかりました。現在は、どのように取組んでいますか。

会員が毎月4回ほど集まり、調査や保全作業を行なっています。緑地は普段は開放されていませんが、年4回、体験教室（観察会）を開いています。地域の理解が欠かせないと考えて、開設したときから続けています。これからはとくに子どもたちが学ぶ機会が大事だと思います。

これまでも周辺では、いくつもの開発がありましたし、緑地の地下深くに、東京外かく環状道路が通る計画が現在も進行しています。開発計画が起こる度に、地域がまとまってはたらきかけ、自然を守ることを模索してきました。近頃では雨水浸透枡の設置*4をすすめたおかげで、湧水を枯らさない仕組みが徐々に広がっています。どうしたらこの森を守り続けることができるのか、それはまち全体で取組むテーマではないでしょうか。

●取材を終えて

「貴重種の盗掘に何度もあいました」と残念な話を聞いた。緑地の動植物の豊かさを伝え、保全に理解を求めたいと思う一方で、情報の公開にはジレンマを抱えていた。野生動物との共生・共存を考えるうえで、その生息環境の保全は大きな課題だ。しかし、法律などルールに頼るだけでは限りがあること、地域の参加が欠かせないこと、そして周辺一帯で保全を考えていく必要を、中川さんのお話は示唆していた。

*1　都市緑地法第12条に基づき、都市の良好な自然的環境となる緑地において、建築行為等一定の行為の制限等により現状凍結的に保全する制度。都内53ヵ所（２０２１年4月1日現在）。

*2　世田谷区の「みどりの基本条例」に基づく制度。樹林地や水辺地、動物生息地が一体となった土地で自然的社会的諸条件から特に保全する必要があると認められた民有地を指定する。現在4ヵ所。

*3　世田谷区は「成城みつ池緑地整備方針」を策定し施策に位置づけた（平成12年9月）。令和4年1月改定。

*4　雨水貯留浸透、湧水やみどり保全等を目的にした世田谷区の制度。住宅の庭や駐車場等に雨水浸透施設（多数の小穴のあるコンクリート製等のますや管）の設置の際の費用の一部を助成。

寄稿

里山・公園の生物多様性を保全・再生

～活動現場から伝えたいこと～

認定NPO法人 生態工房

認定NPO法人生態工房は都内にある、井の頭恩賜公園（武蔵野市／三鷹市）や光が丘公園バードサンクチュアリ（練馬区）などで、生物多様性の保全・再生に市民参加や協働というスタイルで取り組んでいます。井の頭恩賜公園内の井の頭池では、都市化による湧水の枯渇や不用意に持ち込まれた外来魚の増加などで悪化した池の状態に対し、かつての多様な生きものが生息する水辺をよみがえらせようと活動を続けています。同法人の八木愛さんに寄稿していただきました。

手を入れて「自然を守る」

自然を大切にする・守るというと、貴重な植物の周りを柵で囲うとか、飼育や栽培で殖やした個体を野外へ放つことをイメージする方も多いのではないでしょうか。しかし、これは生物多様性保全対策としては、ほとんどの場合、誤りです。

例えば「草地」という環境で、人手が加わらなくなって減少した種を保全するには、その種も含めて草刈りを行ったり、大きくなった木を伐って更新したりして環境を保たなければなりません。「自然には手を入れない」＝「自然を守る」ではありません。里山でも都市公園でも、人の手入れ不足で環境が荒廃してしまう事例を多く見聞きします。自然を壊して建物を造るような開発行為と、環境維持のための手入れ、どちらも「自然に手を入れる」と表現されることがありますが、混同してはいけません。前者は制限すべき行為ですが、後者は自然を守るために必要な行為です。生息環境をきちんと整えれば、動植物はおのずと殖えていきます。

在来種を回復するために

当会の活動事例紹介で必ず取り上げられる「外来種防除」も経験と知識の両方が必要です。当会へ問い合わせをするボランティア志望の若者たちの多くは、興味のある活動として外来種問題を挙げます。外来種が侵入・増加して在来種に影響を与えるという構図はわかりやすく、対処方法も「生物の捕獲」というもので、とても明快に思えるからだと思います。そして最近よく話題になるのは駆除した外来種の二次利用についてです。若者たちは、外来種を食材などに利用しようという試みがあることをテレビ番組や報道でよく知っています。しかし当会ではアメリカザリガニなどの外来種は、殺処分後は森に埋めるなどして自然に還して処

（右ページ）
手入れが行き届かず、
荒廃した湿地を再生するため、
藪になった箇所の草刈り。

（このページ左上から時計回りに）
① 池に入って外来種（アメリカザリガニ）捕獲ワナを回収している様子。
② 水を抜いた池で園芸スイレンの根茎を掘り出す作業。
③ 明るい草地を保全するため、年に数回草を刈り、刈った草を運び出している作業。
④ スタッフ総出で泥にまみれての作業をしたときの記念に撮影。前列左より2番目が著者（八木）。

理します。

当会が外来種の二次利用をしないのは、そのことが防除活動の妨げになるからです＊。防除の目的は、外来種によって被害を受けている在来種を回復させることです。在来種への被害が少ないうちに、外来種がたくさん殖える前に早く決着させるべきです。捕獲した外来種を食材や肥料にするとしたら、加工するための作業時間が必要になります。防除作業に充てる時間（ワナの数など）を削って二次利用に取り組んでいては、外来種を減らすことができません。また、二次利用に熱心に取り組むあまり、活動内容が外来種を涸渇（こかつ）させないように利用していくことにすり替わってしまうこともあります。これでは、在来種を保全できません。

外来種問題は深刻だ、解決のための手伝いをしたいと考えてくれる若者たちには、このことについてよく考え、目先のことだけに囚われないような視点を持ってほしいと思っています。

小さな成果を積み重ねて

生物多様性の保全はときに、生きものを好きな人が趣味でやっている活動であると思われています。そういう部分があることは否定しませんが、これは社会にとって緊急かつ重大な課題ですから、NPOとしてはやれる範囲でがんばればよいというものではありません。ボランティアをしに来る一人一人は、生物や地域の自然を守りたい、社会貢献したい、体を動かしたいといった人たちです。こういう方々の気持ちや労力を成果に結実させる専門職として当会が活動しています。ボランティアに来た人たちの小さな成果の積み重ねが生物多様性を保全し、その担い手づくりにもつながっていくと思っています。

＊ 持ち帰って食べるとか、活動に支障のない個人レベルなどで行うことはあります。

HP

行ってみよう・みてみよう@東京

野生動物との共生を考えるには
まず知ること。
そのための情報をご紹介します。
（『ネットワーク』編集部）

23区

特集に登場する公園・緑地マップ

野生動物のなかで目にしやすい野鳥。
都内の観察スポットにぜひ行ってみてください。

いきものコレクションアプリ「Biome」で都民参加型生物調査を実施！

東京いきもの調査団 公式WEBサイト

東京都・専門家・都民が一体となってめざすのは「みんなでつくる野生生物目録」の実現。調査結果など、都内のいきもの情報を随時、WEBサイトにて発信中です。

2023年は夏編と秋編を開催。来年以降も随時、実施予定！

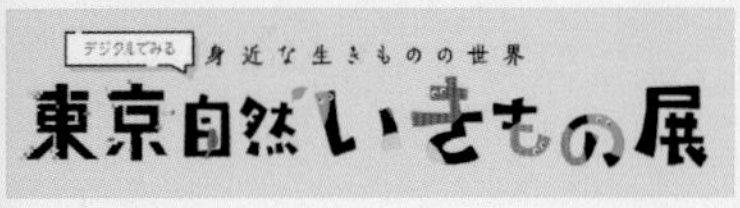

デジタルでみる身近な生きものの世界 東京自然いきもの展

東京の自然やいきものについて、デジタル技術を使って紹介する体験型展示。2024年3月10日まで。入場無料
会場:SusHi Tech Square 1F Space（有楽町駅前）

その活動は生物多様性の保全につながりますか？ 認定NPO法人 野生生物保全論研究会（JWCS）編 『生きもの目線で活動チェック』

自然や生きもののために行った活動が、
生きものの側に立ってみると有害な場合がある。
「自然を守りたい」気持ちを成果に結びつける
ための活動ヒント集。

映画と市民
―第24回―

『福田村事件』

災害が露わにした差別の多重構造

瀧澤利行（茨城大学教育学部教授）

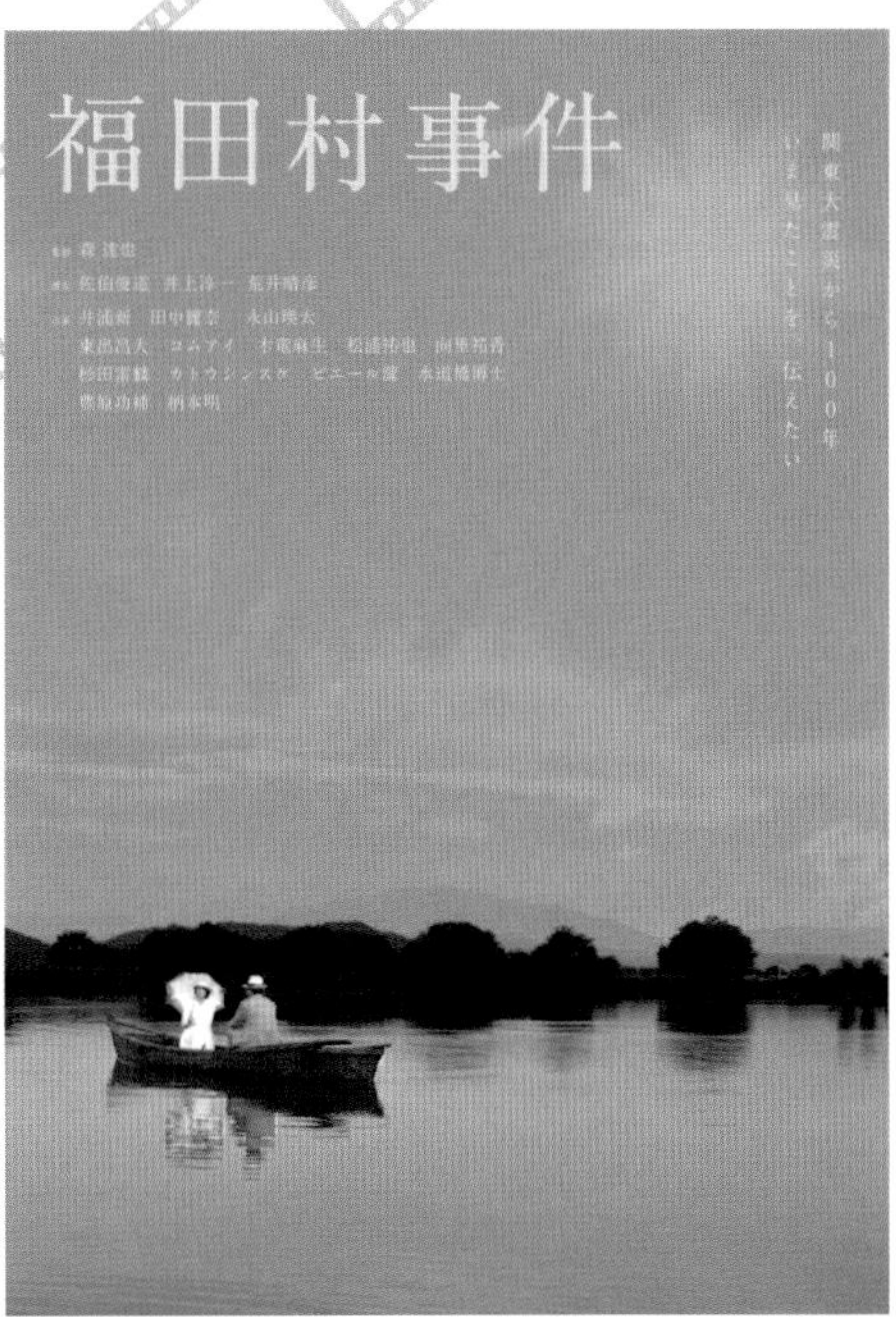

©「福田村事件」プロジェクト2023
2023年9月1日公開　監督：森達也
出演：井浦新・田中麗奈・永山瑛太ほか

1923年9月1日の関東大震災発生からちょうど100年を経た2023年9月1日に封切られた映画『福田村事件』は、ドキュメンタリーの話題作を次々と送り出す森達也監督の初劇映画作品である。映画の題材となった「福田村事件」は関東大震災後の千葉県東葛飾郡福田村で起きた村民による香川県から来村した行商団一行の誤認殺害事件である。関東大震災当時、被災各地で発生した流言蜚語《りゅうげんひご》による朝鮮人虐殺に関連して、行商団を朝鮮人集団と疑い自村の防衛意識から15人中9人を殺害した凄惨な事件を正面に据えたこの映画は、公開前から話題となっていた。それは関東大震災100年ということもあるし、オウム真理教や作曲家ゴーストライター事件などを独自の視点で映像化した森達也が初めて劇映画を監督したということもある。必然的に封切りとほぼ同時に観た。

福田村出身であり、それまで朝鮮で教師をしていた澤田智一（井浦新）とその妻静子（田中麗奈）は、村に帰り、慣れない畑仕事を始める。幼なじみの田向龍一（豊原功補）は世襲で村長を務め、長谷川秀吉（水道橋博士）は在郷軍人会分会長を務めている。澤田は1919年に起きた三・一独立運動の中での提岩里《ていがんり》教会事件（暴動を起こした朝鮮人の運動家が教会内に監禁され、放火されて焼殺された事件）で通訳をしていたという設定で、その際に何もできなかったことから、社会に積極的に関わることを避けていた。そんな龍一に妻の静子は物足りず、渡し船の船頭である倉蔵（東出昌大）と関係をもつ。その倉蔵も戦争未亡人とすでに男女関係にある。

こうした込み入った関係性にいろどられた村に、沼部新助（永山瑛太）に率いられた香川県からの薬の行商人一行が震災前に福田村近くにやってくる。一行は被差別部落出身とされており、行商によって懸命に生計を立てている。9月1日に発生した関東大震災は、神奈川県や東京都の東部地区に甚大な被害をあたえたが、千葉県東部には大きな被害が及んでいない。しかしながら、震災後の不安と朝鮮民族に加えられた弾圧への潜在的な恐怖から「朝鮮人が井戸に毒を入れている」「朝鮮人が大挙して攻めてくる」という流言蜚語に煽《あお》られた民衆が自警団を組織して、各所で不審者を誰何《すいか》し、朝鮮人とわかると暴行を加え、殺害に及んだことが被災地東京の様子として描かれる。

そして、9月6日に福田村に行商団一行15名がやってくる。渡し場での倉蔵と新助の諍《いさか》いを発端とする村人たちの行商団を朝鮮人とする疑いは、村長の田向や自警団を組織した長谷川を巻き込み、確認をするべきだと自制を促す田向と強硬派に煽られた長谷川との対立の中で、遂に惨劇がはじまる。

◆　◆　◆

事前の本作の論評の中で、善良な人々がいかにして惨劇を引き起こしたかという解釈がみられた。しかしながら、鑑賞後、私の率直な感想は、平常において「善良である」ようにみえる人々の深奥にある「何かへの鬱屈《うっくつ》した情念」がこうした惨劇の奥底にあるということである。それはいいかえれば差別の多重構造ともいえる。例えば本作に即していえば澤田がもっている学歴への逆差別であり、兵役を終えた者が兵役を免れた者に抱く差別であり、「土地」の者が部外者に対して抱く差別であり、虐げられた者がさらにより明確に虐げられている者への差別である。

こうした差別の多重構造が、災害という恐怖を誘い生活を奪う現実に出くわすとき、その差別が生み出す凶暴さを露わにすることを容赦なく描き出したところに本作の意義がある。人間性という言葉を今一度咀嚼するために心して観るべき作品である。

せかいをみる

海外におけるボランティア・市民活動や市民と社会のかかわりを知る・考える連載ページ。
1996年からチェルノブイリ事故被災地において病気の子どもたちのための保養プロジェクトを行っているNGOの事務局長、佐々木真理さんに寄稿していただきました。

佐々木真理（ささき・まり）

「チェルノブイリ子ども基金」事務局長。会社員であった1998年より「チェルノブイリ子ども基金」のボランティアとして、ウクライナとベラルーシの保養施設で甲状腺手術後の子どもたちに日本文化教室（少林寺拳法、書道など）を開催。その後ボランティアとして毎年現地の保養施設や病気の子どものいる家族を訪問。2005年より「チェルノブイリ子ども基金」スタッフ、2008年より事務局長。2016年、ウクライナに多大な貢献を果たした女性として同国政府より「公妃オリガ勲章」受章。

寄稿

ウクライナ・ベラルーシの子どもたちの笑顔のために

佐々木真理（チェルノブイリ子ども基金）

　私が活動に関わるようになったのは、「チェルノブイリ子ども基金」（以下、子ども基金）が１９９８年にベラルーシの子ども保養施設「ナデジダ」で開催した『甲状腺手術後の子どものための保養プロジェクト』にボランティアとして参加してからでした。「ナデジダ」はチェルノブイリ事故による放射能汚染地域に住む子ども専用の保養施設です。年間を通して汚染地の子どもたちが学校のクラス単位で訪れ、親元を離れて約1か月間、必要な医療と学校の授業を受けながら過ごします。学校が夏休みの期間は海外のＮＧＯ主催の保養プロジェクトが行われます。私が訪れた98年は、「ナデジダ」にウクライナとベラルーシの甲状腺手術後の子ども約２００人が保養に招待されました。

　私が最初に出会った子どもたちは、もう30代～40代という年齢です。これまでの支援の途中で、がんの転移などにより命を落とした人もいます。一方で、結婚したり、子どもができたりする人たちの姿も見守ってきました。しかし今回の戦争により、状況が一変してしまいました。

　ロシアの軍事侵攻が始まってから、長年のパートナーであるウクライナのＮＧＯや、これまでつながりのあったウクライナの人たちと連絡を取り合いながら、できる限りの支援を続けています。昨年は戦争のために保養を行うことができませんでした。しかし今年7月、戦争が続く中、同国西部の山岳地帯にある子ども施設で、放射能汚染地ジトーミル州ナロジチとオヴルチ地区に住む病気の子どもたち30人が保養をしました。

●7月の保養に参加したウクライナの子どもからの手紙　ナースチャ（16歳）

　私の町の近くで起こった恐ろしい出来事を少しでも忘れさせてくれたことに感謝します。私の家の上をミサイルが飛び、爆弾が近くに落ちた時のことを思い出すと、今も鳥肌が立ちます。去年は私と家族にとって、他のウクライナ人と同じように、とても辛い年でした。戦争が起こって間もなくして、身の安全のため故郷である町を離れて避難しなければなりませんでした。私はもうこれで終わりだと思いました。でも今はこうしてカルパチアの保養施設で過ごし、国で起こっている恐ろしい出来事から少し気を紛らわせる機会をえられました。このことは今年私に起きた一番よいことでした。山の景色は美しく、素晴らしい友だちもできました。毎日プールで泳いだり山へ散歩に出かけたり、ディスコで踊ったりしています。経験したすべての恐ろしいことを、空襲警報やサイレンの音さえ、わずかの間忘れられました。子ども基金のみなさんのおかげでこの夏は忘れられないものになりました。日本がこの残酷な戦争でウクライナを支援してくださっていることにも感謝しています。この保養に来る「前」と「後」で、私の人生は変わりました。一瞬一瞬を大事にし、少しでも前向き

チェルノブイリ原発事故は1986年4月26日に発生、大量の放射性物質が放出され、多くの健康被害が報告されている（地図）。毎年、制作・販売している救援カレンダー（写真左）。2024年版は今年夏の保養に参加したウクライナとベラルーシの子どもたちの写真で構成されている。ウクライナの学校では今も度々の空襲により地下へ避難して授業が行われている。ターニャと2人の娘たち（写真右）。写真提供：チェルノブイリ子ども基金

な気持ちでいるように努めています。

●NGO「チェルノブイリの子どもたちの生存」ザクレフスキー代表

私たちの団体は設立32年以来、戦時下で活動したことはかつてありませんでした。今回保養をしているオヴルチ、ナロジチの子どもたちはカルパチアの山や森を自由に歩き回ることができます。しかし自分たちが住んでいる家の近くの森にはまだ多くの地雷があるため、そのような自由が奪われているのです。専門家によると、戦争が終わってもウクライナの土地から地雷を完全に撤去するには相当な年数がかかるということです。

●ベラルーシの子ども保養施設「ナデジダ」の小児科医　ソコロワ医師

8月に行われた保養に参加したそれぞれの母親は、甲状腺以外にも、消化器官の病気や、胃腸、腎臓に深刻な問題のある人がいました。参加者のうち2人の子どもは重い腎臓の病気で、それぞれ生後6か月と1歳で手術を受けています。呼吸器官や骨に問題のある子どももいました。おとなも子どもも、全員が風邪をひきやすく治りにくい傾向があります。これは放射能汚染地域に住んでいる人の典型的な症状です。

●10代の頃甲状腺がんの手術を受けたベラルーシのターニャ（39歳）

8月に親子で子ども基金の保養プロジェクトに参加

疲労、めまい、心拍数の上昇、精神的ストレスなど、甲状腺の手術後からこのような症状に日々悩まされています。長女（13歳）は甲状腺に問題があります。でもこれが私の人生なのだと思い、自信をもって生活を送っています。素晴らしい環境の保養に招待してもらったことに深く感謝します。私たちが暮らしている地区（ゴメリ州チェチェルスク）では、子どもたちが放射能の影響を受けないよう、食べ物などいろいろなことに気をつけています。日本のみなさんも子どもたちの健康を一番に考えて暮らしてください。

「子ども基金」はベラルーシのチェルノブイリ被害者支援も引き続き行っています。ロシアの協力国として各国から非難されていますが、そこで暮らしている子どもたちには何の罪もありません。

●10代の頃甲状腺がんの手術を受けたウクライナのリリヤ（41歳）

9月に「子ども基金」からの支援金を受け取った

以前私は営業マネージャーとしてリモートで働いていました。2022年10月にキーウが砲撃された後、私は職を失いました。その時は電気もインターネットも水道も暖房もありませんでした。夫の給料も減りました。恐らく彼も12月には失業するでしょう。私の健康状態はひどく悪化しました。常に鎮静剤を服用しなければなりません。私たちはブチャとホストメリ（ゴストメリ）の近くに住んでいます。戦争の最初の日から、ロシアの戦車が私の地域を通過し、とても恐ろしかったです。今、私たちみんなの願いはただひとつ、戦争が終わってほしいということです。子どもの頃にスウェーデン・ベラルーシ・ウクライナの保養施設※で過ごした頃の思い出に心が温かくなります。その頃の写真には多くの友だちと思い出が写っています。ご支援をありがとうございます。これは今の私たちに大変貴重なものです。私たちを忘れずにいてくれてありがとう。

※リリヤは10代の頃にウクライナとベラルーシの保養施設で子ども基金の保養プロジェクトに参加。

この戦争により、私たちが長年支援を続ける子どもたちが暮らす二つの国が、攻撃を受ける側と攻撃に協力する側に分かれてしまいました。これまで出会ってきたそれぞれの国の人のことを思うと、やりきれない気持ちで一杯になります。しかしいつか必ず平穏な日常が戻ることを信じ、支援活動を続けていきます。どの国の子どもたちも平和な空の下、笑顔で過ごせる世界であってほしいと切に願います。

特別寄稿

NPOが創り出すエピソディック空間Ⅲ：
東日本大震災被災地を支援するNPOとそのスタッフへのインタビュー調査から

東洋大学社会学部　須田木綿子

1. はじめに

東日本大震災の被災地支援に関わったNPOと移動したスタッフたち（移動スタッフ）の「その後」をたどるインタビュー調査の内容を、三回に分けてご紹介してきました。対象は、大和証券フェニックスジャパン・プログラムからの助成を受けた被災地のNPOのスタッフです。インタビュー調査は、筆者と関東学院大学・小山弘美准教授が共同で実施しました。

今回は、移動した10人のスタッフが所属していた団体を対象とするインタビューの内容を報告します。ひとつの団体に複数の移動スタッフが所属していた場合もあるので、インタビューの対象は7団体となります（表1）。

がれき撤去のような被災直後に求められる活動を任務としていた団体は、解散しています。このようななかで、復興から平時への移行を貫いて活動を継続してきた団体のスタッフが、今回のインタビューに応じてくださった方々です。皆さんに共通していたのは、もともと地域にあった課題を復興課題とつなげ、被災前とは異なる新しい平時を創出しよう、そのようなかたちで被災を乗り越えて行こうという、祈りにも似た熱意です。

にもかかわらず、というべきでしょうか。復興から平時への移行は、容易ではありません。震災直後には押し寄せるようにして被災地に入り、大きな力になってくれたボランティアの姿は少なくなりました。企業や財団、行政からの助成金も減少していきます。団体は、活動方針の転換と、それに伴う財源や人材の確保に苦心を重ねます。

そのようななかでのスタッフの移動を、団体はどのように受けとめたのでしょうか。いずれの団体からも、深い想いのこもる報告が寄せられました。

2. スタッフの移動の経緯

スタッフの移動の経緯は、主に以下の3つに分けられました。「 」内に示したインタビュー時の発言中での（ ）内の文言は、発言の趣旨を明確にするために筆者が補ったものです。

●団体が就職を斡旋した

復興から平時への移行に伴って、被災地での企業活動が再開されるとともに雇用の機会も増え、少しずつではあるものの、長期的な視点からの人生設計を描くことができるようになりました。このようななかで二つの団体が、20代の男性スタッフに、一般企業への就職を促しました。

そのおりの経緯について、ある団体スタッフは次のように説明をしてくれました。

仲間もいたし、本人も居心地がよくて、辞めたくはなかったはず。しかし、妻子のことを考えて、経済的に自立をしないと。みんなで考えて、そのように促した。

別の団体のスタッフは、次のように述べました。

（移動した20代の男性スタッフは）高校卒業目前に被災をして、ごたごたのなかでこのNPO法人で働き始めた。今後のことを考えたら、一度は大きな組織で社会人教育を受けた方がいい。復興とか、震災とかではない文脈での経験が必要。とにかく、1回は出すことにしようと決めて、就職を世話した。今は結婚をして、他の町に住んでいる。

●団体も、スタッフも、変わる

被災から回復する過程の切なさや苦しさを互いに共有しているが故の移動が複数ありました。たとえばある団体のスタッフは、移動したスタッフの気持ちを次のように理解していました。

（移動は残念だったが）本人には、ほっとしていた気配がある。被災して身近な人を亡くしている。（移動して、被災とは関係の無い仕事につくことによって）区切りをつけたかっただろう。

須田 木綿子（すだ・ゆうこ）

東洋大学社会学部教授。専門分野は、非営利組織論、社会政策学、福祉社会学。著書・論文等：「Changing Relationships between nonprofit and for-profit human service organizations under the long-term care system in Japan［Voluntas,25］（2014年）」、『対人サービスの民営化：行政―営利―非営利の境界線』（東信堂／2011年）、「個人化の時代の包摂ロジック―『つながり』の再生」（宮本太郎編『自助社会を終わらせる』第９章著／岩波書店／2022年）。

団体	移動スタッフ数	付記
A	2	
B	2	
C	2	
D	1	
E	1	
F	1	
G	＊	移動スタッフへのインタビュー「無」
＊	1	団体の解散により、団体へのインタビュー「無」

表１　インタビューに参加していただいた団体と移動スタッフ

同様に、別の団体のスタッフも次のように述べました。

ここで仕事をして、いつまでも支援されているというのにも嫌気がさしたかもしれない。自分の生活に移りたいという気持ちがあったのだろう。

いっぽう、団体がめざす平時の体制の方向性と、スタッフの個人としての被災経験からの回復のペースや成長との隔たりが感じられるケースもありました。団体が安定的な財源を得て制度の一部として機能し始めると、活動の自由度も制限されます。ある団体スタッフは、移動したスタッフにはそれが「息苦しかったのだろう」と推察していました。また、スタッフの「もっと」という気持ちが高まった結果としての移動もありました。たとえば、ある団体は、被災を契機に活動を始めたＮＰＯ法人やボランティア団体の活動を定着させ、さらなる活性化を支援することに活動の主軸を移したのですが、移動したスタッフは、災害関連の専門性を高めたいと考えるようになったのでした。これについて団体のスタッフは、次のように述べました。

（移動は）残念だった。災害関係の活動については、スーパーマンみたいになった。ただ、この団体のスタッフとしては、より広範な守備範囲が求められるので…（災害関連の専門性は）課題感として、はまりすぎた（特化しすぎた）。

●体調を崩す

心身の不調のために移動せざるを得なかったケースも複数見られました。被災のストレスが、何年も経って表に出てきたようにも思われます。

しかしここに、団体のレジリアンスをうかがい知ることのできる報告もありました。ある団体のスタッフは、移動スタッフの体調不良は、団体が十分に「手をかけてあげることができなかった」から、と苦い想いを残しつつ、その経験を次のようなかたちで生かそうとしていました。

心身の不調と回復のペースに応じた働き方ができるのがＮＰＯ法人。（移動スタッフは）今は休養中。団体との関係は続いているので、落ち着いたらいずれ（戻ってくる）。だから、（そのときのために）体制を整える。

3．まとめにかえて

スタッフの移動についてお話をいただきたいという難しいお願いに応じてくださった団体スタッフのみなさんに、この場をおかりして感謝の意を表します。そして、団体の運営に手一杯のなかで、移動していったスタッフにむけて深い理解と共感を示されたことに、敬意を覚えます。

スタッフの移動は、すべてがきれいなことばかりではありません。しかしそのようななかでも移動したスタッフが、かつて所属していた団体に未だに心を寄せ、応援団として、自称支部として、あるいは、いつか戻ってくる場所としてつながっていることを、前回の稿でお伝えしました。一つの場所に定着をしてくれるスタッフが団体の継続を支えるとするなら、エピソディックなタイプのスタッフは、想定外の豊かさと広がりをもたらしている様子がうかがわれます。そして、そのような人の動きは生物にとっての呼吸にも等しい団体活動の生命力の源であるように思われます。

インタビューに応じてくださったみなさまには重ねて御礼を申し上げます。そして、今回のインタビュー調査を可能にしてくださった大和証券と日本ＮＰＯセンター、さらに寄稿の機会をくださった東京ボランティア・市民活動センターのみなさま、ありがとうございました。

エピソデイック：
一か所には必ずしもとどまらず、断続的に多様なボランティアや非営利の活動に参加する方法

バックナンバーはこちらからダウンロードできます。

あすマネ

明日からすぐにマネ（真似・マネジメント）できる！

このコーナーは、TVACに寄せられた相談をもとに、市民活動やNPOの運営にまつわるヒントを紹介しています。

＊本日のご相談＊

現場担当と運営担当がぎくしゃくしてる!?
～担当間のもやもやを解消できる、風通しのよい組織になるために～

グループの中で子どもひろばの活動を主に担当しています。会則を変えたいと思っています。
組織運営を担当している人たちが、活動の状況や難しさを知らないのに、自分たちの考えだけで活動内容や計画、物事を決めてしまいます。活動を担当している人たちの意見や思いが反映されるように自分たちが活動について決める権限や会議を会則に定めたいです。どのように変えたらよいでしょうか。

東京ボランティア・市民活動センターには、さまざまな組織運営の相談が寄せられます。

会則・定款変更の相談は、増加傾向にあります。これらの相談の背景には、いくつかパターンがあり、法律改正や活動等の変更の他に、形骸化していたルールを修正して実態に合わせたい、定例で行っている会議を明文化したいといった内容です。

後者では、団体内の人間関係の悪化によるコミュニケーション不全や溝を、会議などの機関（意思決定、業務執行、監査などの役割・機能を担う権限をもった人、またはその合議体）を増やすことで解決したいという相談もあります。

今回は、団体内で組織運営に関わる人、活動に関わる人それぞれが思いや役割の違いを受け止め、尊重しながら活動するため、既存の会議について、考えてみたいと思います。

●対等なはずなのになぜ、溝や衝突が生じるの？

複数の人が活動に参加するようになると、その役割の違いから、活動への温度差や思い、組織運営への意識の違いを感じる場面があります。ＮＰＯの活動に関わる人たちの関係性は、理事や組織運営を担当する人と現場や活動に関わる人たちの上下関係はなく、ミッションを達成するための仲間として対等です。さまざまな場面で会社のような「上からの命令だから」という結論の出し方をしない良さもあります。

しかしながら、対等な関係性が前提にありつつも、役割ごとの微妙なパワーバランスがあり、意思決定には難しさがあります。

活動に関わる人たちは、現場を実際に動かす人たちとして、団体から直接的な課題解決の場を託される側です。組織運営に関わる人たちは、総会などで決まったことを執行役として託されながら、運営に必要な判断をしたり、活動に関わる人たちや事務局に託す側です。その役割の違いから、意見が交わらず、議論が平行線になってしまうことがあります。

また、両方の立場を兼務している人もいるので、ＮＰＯの運営はより難しさがあります。その難しさが、時に人間関係の溝になってしまいます。

このような問題は、最初は、小さなことでも、同じようなことが何度もあったり、団体としての結論が集約されないことで、徐々にワインの澱のようにその人やチー

ムの中に「もやもや」が溜まり、溝が広がっていきます。

潜在的な溝が大きく広がり、深くなると、担当間の衝突が起こったり、活動や組織運営への影響が生じます。

具体的には、チーム間のコミュニケーション不全からミッションの踏み外しが起こったり、時間や労力を適切に使えなかったり、そのことが、外部にも漏れ伝わり、団体の信頼が低下したりします。

活動や資金調達にも影響し、支えてくれている人たちが離れていってしまうなど、NPOとして致命的なダメージにつながることがあります。また、運営の基本である「決まったことを託す、託される関係」が成り立たなくなります。

問題解決のために、話し合いの場をもちますが、既存の会議や仕組みでは、解決できない場合が多いようです。

そこで、新たな会議やそこに関わる人を明文化し、ルールを追加することで改善を図ろうと、会則・定款変更に思いが至るようですが、会議やルールを増やしても、解決に至らない、一向に溝が埋まらないという声を耳にします。

それはどうしてなのでしょうか。

●活動×運営「どんな摩擦があるのだろう？」

では、典型的な会議はどのように行われているのでしょうか。

3つのタイプを紹介します。

①組織運営を担う人のみが決めるトップダウン型

○会議の名前

理事会・運営会議など

○参加できる人

有識者などで構成されている理事や組織運営を担当している人たち、または、活動歴が長い一部の人たち

○ありがちな特徴

・会議に参加できる人が、固定化されている。
・合議の意識はあるが、結局は、代表などの一人の意見で決まる。
・情報は特定の人だけがもっている。
・手元にある情報だけで議論し、結論を出してしまう。
・決まったことを託すというよりは、とりあえず活動者に投げる。
・活動の会議が定期的に開催されているからと安心している。
・活動にコミットする余裕がないため「問題ないだろう」「何かあれば言ってくるだろう」と受け身。
・今、活動に関わっている人の本当の苦労や大変さ、痛みを受け止めようという意識がない。
・決定事項も、「こう決まりましたから」と周知するのみで、説明はしない。

○活動に関わる人たちの気持ち

・課題や社会の変化、ニーズを捉えていない。
・現場のことが分かっていない。
・託し方が雑。
・意見を届けられる機会がない。
・活動に関わる人たちを大切にしてくれない。etc…

②活動に関わる人のみで決める現場だけ型

○会議の名前

スタッフミーティング、事業担当会議など

○参加できる人

活動に関わるメンバーのみ

○ありがちな特徴

・活動経験が長く、思いや具体的なプランをもっている人だけで決めてしまう。
・団体や寄付者から決定事項や思いを託されて活動しているという意識が薄い。
・組織運営については、あまり関心がない。
・権限や責任がもてる範囲を超えて活動してしまう。
・定款や会則にない活動を決めて動いてしまう。
・予算を変更するにもルールや手続きがあることを忘れてしまう。
・「活動メンバーが決めたことが一番正しい」と考えてしまう。
・理事や組織運営担当の人たちを仲間だと思っていない（有識者や専門家を「偉い人」という意識で、相談をしたり、一緒に話して決められるよう

な関係性ではないと思っている、または、忙しそうと遠慮している)。
・「活動について、何もわかっていない」、「活動のことはわからないでしょ」と役割の違う人との意見交換を拒否してしまう。etc…

○組織運営を担当する人たちの気持ち
・「活動のことだから！」と運営側に相談もなく決めてしまい困る。
・忙しそうで報告や相談、意見交換の場をもてない。
・会則・定款順守ルールや組織運営にも意識を向けてほしい。
・活動は団体や寄付者から託されている自分たちのものではないのに…。
・「会議の位置づけを理解してほしい」、「理事会を尊重してほしい」。

③とにかくみんなで話し合い型

○会議の名前
全体ミーティング、戦略会議、総会など

○参加できる人
その日にいる人全員

○ありがちな特徴
・全員で話し合えば、自然と何かが生まれる、変わると考えている。
・結論や判断した結果ではなく、全員参加に意義をもってしまう。
・その日の議案やゴールが不明確。
・多様な考え方や意見など難しいことが多すぎて、出口の見えない迷路に迷い込む。
・結論がでない、まとまらない。
・話し合う場ではなく、共有する場になっている。
・〇〇会議などの、会議が多すぎて、「積み残し」が分からなくなる、結論が混ざる。
・議論についていけない人がいてもフォローアップされず取り残されてしまう。
・立場の違いを尊重できず、二項対立になってしまう。
・意思決定の場が多すぎて決定事項が、二重、三重になってしまい、決まったことを否定したり、摩擦が起こってしまう。etc…

他にも、気が付いた人が考える、情報をもっている人が考えるといった会議のもちかたは、参加者の負担が増えたり、取り残されてしまう人が出てしまったり、参加が閉ざされブラックボックス化が進んだり、活動の広がりが妨げられたり、組織運営の硬直につながりやすいため注意が必要です。

このような問題が起こってしまう団体の多くは、ミッションはわかっていても、団体としての解釈や思いをすり合わせる機会が少なく、個人やチームの解釈になっています。そのため、「自分がしていることは正しい」、「こうすべきだと信じている思い」が「活動に関わるAさんたちの価値観」と「組織運営に関わるBさんたちの価値観」となって結果的に、摩擦を生んでいるようです。

活動の場面や組織運営の場面、それぞれでは正しいのに、視点を団体全体に広げると「なにかおかしい」、「あちら側の考えはズレている」と「もやもや」が露出し、摩擦を感じることになります。

活動と組織運営を兼務している人は、両方の大変さを抱えているため、「片方だけの役割しかしていないのだからもっと動くべきだ」、「自分と同じように動いてほしい」とやっぱり、摩擦を感じてしまいます。

「以心伝心」や「魚心あれば水心」と言った言葉があるように「察してほしい」、「言わなくともわかるはず」、「相手の態度によってこちらの態度も決まる」と思いがちです。また、NPOに関わる人たちの誤解に「この活動に参加しているのだから同じ価値観に違いない」、「ミッションを共有しているのだから、わかるはず」があります。同じ思いで始めたとしても、みんな違う人ですし、「思いの深さ」や「ミッション達成への熱量」の違いがあることを意識的にし、よりよい組織運営のための「思い」について、想像力を働かせる必要があります。

会議は、それぞれの「思い」を受け止めながら、団体として発信する「価値」が揃うように意見交換を重ねたり、参加者の思いに寄り添いながらフェアに進行できるファシリテーターを置いたりと、工夫が必要ではないでしょうか。

●もやもやが去らないワケとその解消のために

既存の会議は、役割や情報をもっている人のみで話し合われるような不均衡状態だったり、誰かしらに、負担がかかっていたりと、意思決定の場として残念な状況なのかもしれません。

また、話し合われる内容や目的の「そもそも」の話を尋ねたり、「もやもや」していることを吐き出せる雰囲気でもなさそうです。「そもそも」や「もやもや」がそれぞれの人にくすぶり続けると、フラストレーションが溜まり、役割の違いを理解したり、思いの違いを想像する力が薄れてしまい、組織運営に関わる人と活動に関わる人の二項対立や否定が起こったりします。このようなことは、反対しにくい雰囲気や他の可能性を無視することにもつながり、問題解決がされない、決まらないなど会議の意味をなさなくなります。

ではどのような対策が考えられるでしょうか。

「もやもや」の解消には、参加者が意見を出しやすい環境づくりや議題の提案も大切です。

マインドは、「みんなで決める」が大切なのですが、実際には限界があるため、みんなで決めることと、みんなで決めないことの濃淡を決めることが重要です。

人の少ない会議では、議論が深まり、煮詰まることを想定して、目的に合わせて、どのように落としどころを見出していくかの準備も必要でしょう。

人が多い会議では、たくさん意見を出す人と、そうでない人との差が出てきます。そのような時は、ランダムや役割別に3～5人のグループに分かれて話し合ってもらうことで、意見を出しやすくなり、グループの方向性や結論が見えやすくなります。各グループで話し合ったことを全体で共有すると、共通点や違いが見えてきます。それを整理することで、団体としての結論を見出せるのではないでしょうか。

また、それぞれの会議は独立していても、そこで出された判断や結論を共有し、活動、運営それぞれの意思決定に生かせる仕組みが大切です。

一人ひとりの能力や、何を考え、感じ、どんなことを願っているのかを尊重しながら、意思決定の場では、会議全体で発揮される能力、団体としての判断や結論が重要です。

個々人が補い合って、予め決めた裁量と能力を発揮できる環境づくりをぜひ、考えてみてください。

「実感をもって考えられる人は誰なのか」、「予算配分など見通しをもって考えられる人は誰なのか」、「情報をもとに考えられる人は誰なのか」といった視点や人選を考え、会議をつくることをお勧めします。

設定された交流会のような場だけではなく、日常的に「活動に関わるAさんに相談してみよう」、「組織運営についてBさんに聞いてみよう」と困ったことや疑問を風通し良く相談し合うことも有効です。

一人ひとりが持っている困りごとは、団体の困りごととして、耳を傾け、聴きあい、柔軟に対応することも「そもそも」「もやもや」の解消になるのではないでしょうか。

また、団体や理事、組織運営担当の行動が、適切で順調かを指摘する監事などの監督役をおくこともお勧めです。監督役が機能することで、公平な立場で話を聞いてくれる相談相手ができ、ルールが守られ、適切な意思決定をする環境を整えられると思います。

コミュニケーション不全による組織運営の改善は、今あるルールの中での人選や環境の見直しが、近道なのかもしれません。

●最初の一歩

まずは、誰にどの会議に出てもらうのがよいのか、状況の整理のため、組織運営担当から2人、活動担当から2人を出してもらい、ファシリテーター役を置いて、話し合おうと思います。そこで出た内容を全体で共有したいと思います。

（相談担当　安井 忍）

東京ボランティア・市民活動センターの相談

東京ボランティア・市民活動センターでは、NPO、ボランティアグループからのNPO法人設立・運営などのご相談をお受けしています。ぜひ、お電話ください。

TEL：03-3235-1171

～TVAC News～東京ボランティア・市民活動センターの事業から～

地域社会と企業・社員をつなごう！

～区市町村ボランティア・市民活動推進団体事務局連絡会議より～

■企業・社員からの相談が増加

世界的なSDGsの動きや、新型コロナウイルスが5類に移行したことなどにより、都内各地のボランティア・市民活動センター（以下、地域のセンター）に企業・社員から寄せられる相談が増えています。相談者は大企業だけではなく、グループ会社や支店、中小企業、青年会議所などのネットワーク組織、さらには、企業で働いている人たちです。こうした機運を地域課題への取り組みやボランティア活動につなげようと、地域のセンターの事務局連絡会議を10月19日に開催しました。

まず、事前アンケートには80センターのうち53か所から回答があり、企業から「食品や物品の寄付」「社員のボランティア参加」「企業としての社会貢献活動」等の相談があると38か所が回答しています。この他にも、社員研修や企業の本業を活かした地域住民向けの講座への協力についての相談もあるようです。また、企業関係者が集まる機会を作っているところが16か所。ちなみに、昨年度本センターが実施した調査では、企業の社会貢献担当者の連絡会議を行っているところは8か所ありました。

■期待される「つなぐ力」

事務局連絡会議は飯田橋の会議室とオンラインとのハイブリッドで開催。最初にボランティアセンターみずほと新宿区社会福祉協議会での実践報告の後、9グループに分かれて、各地でのさまざまな事例や課題を共有しました。

今後の推進上の課題としては、「大人数で1日あるいは短時間で活動したい、平日の夜や土日に活動したいという希望をどのように地域課題とつなぐのか」「単発での活動を継続する方法」「本業や社員の強みを活かした活動の提案」「そもそも地域のセンターが企業・社員に知られていない」などがあげられました。

地域社会が抱える少子高齢化や環境保護、災害などの課題に対応していくには企業や社員の参加・協力が不可欠です。地域のセンターの「つなぐ力」が期待されています。

ガザの「停戦」実現のために

～日本国際ボランティアセンター（JVC）の
木村万里子さんより～

本誌386号にて「複雑都市・エルサレムの日常」を執筆していただいた、JVCエルサレム事務所・現地代表の木村万里子さんにコメントをいただきました。

＊＊＊

ガザに関して、現時点（11月22日）で双方が4日間の停戦に合意しましたが、その後の戦闘再開が懸念されています。地球上の全市民が「正義」「平和」「尊厳」という同じ価値観で連帯し、世界の指導者たちに良心を問う声をあげることで戦争は止められる、一人でも多くの尊い命を救えると信じたいです。

一秒でも早い「本格的な停戦」実現のために、私たちにできることがあります。以下をヒントに、ぜひ自らができることを探して、まわりの人たちとともに取り組んでもらえたらと思います。

〈ガザのためにできること〉

①問題の背景を正しく知り、現地の人たちの声に耳を傾ける

パレスチナ関連の書籍やパレスチナ支援団体のウェブサイトなどを通じて、問題の背景やガザの人たちが置かれている状況・思いを知ることができます。**【参考1：パレスチナの歴史といま】**

②停戦の声をあげ、署名を通じて意思表示をする

日本各地で停戦に向けたデモンストレーションや署名活動が行われています。それらに参加し、周囲にも広めることで停戦の機運を高めることができます。

③ガザの支援をしている団体を応援する

支援団体への寄付を通じて、ガザの人たちに「忘れていないよ」という声を届け、生命や生活を支えることができます。**【参考2：JVC緊急支援特設ページ】**

参考1

参考2

ネットワーク

本誌のバックナンバーは
右記からご覧ください。

〜本誌386号より〜

読者の声

読者の皆さんからいただいたアンケートの一部をご紹介させていただきます。

◆表紙、表紙のことば

・秋らしさが満載の表紙で、ほっこりした気持ちになりました。

◆【特集】市民とつくる美術館・博物館

・子どもの興味とボランティアを同時に体験できると感じた親世代が興味を持ちそうだと思いました。全体的に文章が多く、もう少し写真があればさらに興味を持ちやすいと思いました。

・市民による幅広いアート活動があることを初めて知りました。「日本では美術館は愛好家のためのものというイメージがまだありますが、作品は市民のもの」という一文に納得しました。

◆思い立ったがボラ日
〜災害ボランティアセンターでのボランティアを体験しました!!〜

・関東大震災から100年ということで防災意識が高まるなか、タイムリーな記事だと思います。

◆特別寄稿　NPOが創り出すエピソデイック空間 Ⅱ

・最初はエピソデイック空間の語源が良くわからず拝読しておりましたが、今回は2回目のため活動状況が多少理解できたような気がします。

◆連載　せかいをみる
〜複雑都市・エルサレムの日常〜

・ハマスとイスラエルとの戦争状態である現在、あまりにもアップトゥデートな記事なので、興味深く読みました。エルサレムの現状と、イスラエルとパレスチナの関係、抱えている問題等が多少紐解けた気がします。とはいえ、早期の平和的解決を期待したい。

＊執筆された木村万里子さんより、読者のみなさんへコメントをいただいています（右ページ）。

◆TVAC News　居場所アンケート

・私の所属する団体でも、新型コロナウイルスの影響で活動は例年とは異なる対応が求められた。他の団体の状況や対策を知る機会がなかったため、文章やグラフで多くのことを読み取ることができ良かったと思う。

◆いいもの みぃ〜つけた!
皆の郷 第2川越いもの子作業所

・一生懸命頑張って作っているお姿を拝見して早速、注文してみました。届くのが楽しみです。

お気軽にご意見・ご感想をお寄せください。

本誌で使用しているQRコードは、㈱デンソーウェーブの登録商標で

東京ボランティア・市民活動センター
(TVAC: Tokyo Voluntary Action Center)
https://www.tvac.or.jp

東京ボランティア・市民活動センターは、ボランティア活動をはじめとするさまざまな市民の活動を推進・支援しています。どうぞご利用ください。

利用

会議室	会議室A・B（各40人）・C（15人）　無料 ※会議室AB通し（80人）
貸出機材	印刷機（2台）紙持ち込み、点字プリンター 他
申込み	4ヶ月前から電話で受付（03-3235-1171）

情報提供

最新のボランティア・市民活動情報は、センターのホームページでご覧いただけます。http://www.tvac.or.jp/

開所時間　＊ホームページでご確認ください。

火曜日〜土曜日：9時〜21時／日曜日：9時〜17時
（月・祝祭日・年末年始除く）

交通アクセス

JR、地下鉄（東西線・有楽町線・南北線・大江戸線出口B2b）飯田橋駅下車

ネットワーク

発行人　山崎美貴子

編集委員　上杉貴雅（メイクスマイル／オレンジフラッグ）
江尻京子（東京・多摩リサイクル市民連邦）
片岡紀子（患者スピーカーバンク）
亀川悠太朗（葛飾区社会福祉協議会）
小池良実（岡さんのいえTOMO）
長畑 洋（TDU-雫穿大学）
中原美香（NPOリスク・マネジメント・オフィス）
野村美奈（武蔵野会 リアン文京）
室田信一（東京都立大学）

TVACの公式ソーシャルメディア

X　Facebook　Instagram　You Tube

編集・発行：東京ボランティア・市民活動センター
〒162-0823 東京都新宿区神楽河岸1-1
セントラルプラザ10階
TEL：03-3235-1171　FAX：03-3235-0050
E-mail：nw@tvac.or.jp

印刷：島津印刷㈱
デザイン：東京ボランティア・市民活動センター／島津印刷
表紙イラスト：フローラル信子

2023年12月20日発行（通巻No.387）
ISBN 978-4-909393-52-4 C2036
定価400円（本体364円＋税10%）

作り手インタビュー

工程のひとつひとつに、様々な人が手をかけてできあがる、『いいもの』。
制作にまつわるお話をうかがいました。

クラフト工房のいいものたち
認定NPO法人La Mano（ラマノ）

―クラフト工房La Manoについて教えてください。

前身は障がい児のための造形教室で、1992年に工房として１名のメンバーの受入れからスタートされ、昨年で創立30周年を迎えました。主にダウン症や自閉症や発達障がい、高次脳機能障がい等があるメンバーが40名通っています。ここでは、それぞれのメンバーの得意な“手しごと”を活かした製品作りを行っています。工房の名称のLa Manoは、スペイン語で“手”を意味します。

障がいのある方が作る製品だから手に取ってもらうのではなく、丁寧に作られたいい製品の魅力を感じて手に取ってほしい。そんな思いを持ちながら日々メンバーの皆さんと製品作りに励んでいます。

夏と冬、大規模な販売会「染織展」を開催します。今年の開催は終了しましたが、来年、ぜひ足を運んでみてください。「染織展」以外にも、常時La Manoで購入可能。デパート等でPOPUPショップが開催されることも。

―どんな“手しごと”がありますか？

まずは天然の染料を使用した染物です。絞り染めや型染めなどで様々な製品を作成しています。La Manoの人気商品は型染めでつくる鯉のぼり。元々は手ぬぐいの新たな商品展開として試作したところ大人気に。今では常に製作しないと間に合わないほど、全国各地のご家庭で健やかな成長を願うシンボルになっています。

そして、織物。織り機がずらっと並ぶ作業室には、寄付された織り機も多数あります。決まったパターンで織ってみるメンバーもいれば、メンバー自身が考えた織りパターンで織るメンバーもいます。アート活動もあります。自由な創作テーマで思い思いにアートを製作します。ここで作られたイラストが染物や刺繍の図案になることもあります。さらに様々な“手しごと”の中で使う糸を紡いだり、絞り染めに欠かせない縫い作業をしたり、刺繍を行うメンバーもたくさんいます。

それぞれの得意なことを活かし、そしてそれをそっと支えながら、メンバーそれぞれの“手しごと”がつながり、La Manoの製品が完成します。

メンバーのひらともさん　テレビの世界が大好きで、この日はアニメキャラクターのコスプレで作業。カーレースのコースをイメージした織りパターンを自分で発明。色だけでなく、それぞれの色の長さも緻密に図面に描きます。織る手と足は止めずに「この色は、道路の色」など丁寧に教えてくれました。アート製作も行っていて、2024年カレンダーにも使用されています。

メンバーのさきさん
この日は、リスの刺繍の“手しごと”。お昼休憩終わりに、素敵な笑顔でたくさんのいいものを紹介してくれました。おすすめの製品は、今の時期には嬉しい、絞り染めの温かい靴下とのこと。絞り染め独特の模様や色は、１つとして同じものはない素敵な製品です。

毎年作成しているLa Manoのアートカレンダー。A３見開きサイズで月ごとの作品が楽しめます。

手ぬぐいや鯉のぼりになる木綿の生地を藍染する作業（濃い色で８回〜10回染め重ねる）。

アトリエでのアート制作では、毎日描く人もいれば、いろいろな仕事をしながら週に１〜２日おこなう人もそれぞれ。

いいもの みぃ〜つけた！

このコーナーでは、ボランティア・市民活動・福祉施設のグッズや作品を紹介します。

Vol. 46

La Manoが思う 手しごとの価値と幸せ

1992年の開設からメンバーも40名となり、様々な“手しごと”を担う作り手が増えました。“染める手”“織る手”“縫う手”“描く手”他にもたくさんの“手”が加わりカタチづくるのがLa Manoの手しごとです。La Manoの手しごとを担うメンバーは、主に知的障がいを持つ方々です。障がいを持つ方が“手しごと”をすることは、容易ではないこともありますが、日々、メンバーと共に手しごとと向き合いながら、上手くいったことも、上手くいかなかったことも工房の季節の移ろいのように少しずつ、少しずつ進めていきます。そんな手しごとからたくさんの製品や作品が生まれています。それらをお客様が手にしたときに、嬉しさや楽しさ、幸せを感じていただけることで、それが価値となりますし私たちつくり手の何よりの幸せです。

夏と冬に年２回開催される「染織展」メンバーの日頃の成果発表の場でもあり、今年で57回となりました。

クラフト工房La Mano

認定NPO法人La Mano

所在地　〒195-0072　東京都町田市金井5-14-18

TEL　042-736-1455

FAX　042-860-5515

E-mail　koubou@la-mano.jp

HP　https://www.koubou-lamano.com/

〈HP〉　〈Facebook〉　〈Instagram〉

2024年度

公益財団法人
ホース未来福祉財団 助成金・奨学金 募集案内

弊財団は、障害を持たれている方々が健康的で明るい社会生活を営んでいくためのハード、ソフト両面からの環境づくりに貢献して参ります。併せて、青少年の健全な育成と一般産業の進展に寄与する支援を行う為に2021年4月に設立いたしました。(2022年3月1日付で東京都から「公益財団法人」として認定を受けました。)

代表理事が障害者を育てた経験が原動力となり、障害をお持ちの方々が健康的で明るい社会生活を営むために、周辺環境の障害を取り除く必要があると考えています。

ソフト面はもちろんですが、実際に生活をしていく中でのハード面での障害が、まだ多く存在しています。様々な形でそう言った環境を整えるためにご努力頂いている方々に対して広く支援を行っていきたいと考えています。

障害者福祉助成金募集概要

1. 募集内容

(1) 助成総額3,000千円を予定　1件当たり最大400千円
(2) 助成対象事業・活動
① 障害者の自立及び社会参加に関する活動
② 障害者による又は障害者を対象とする文化事業(スポーツ・研究・出版等)
③ 障害者を対象とするボランティア活動

2. 募集期間　現在募集中

2023年10月1日(日)～2024年1月31日(水)
(当日消印有効)

3. 選考結果の通知

2024年5月開催予定の選考委員会で決定し、理事会承認後文書にて通知予定

4. その他

応募要件、応募方法については下記のホームページをご確認ください

◀2023年度開催選考委員会の様子

奨学金募集概要

1. 募集概要

東京都所在の大学・専門学校に在学する障害者及び経済的理由で就学困難な者に対し奨学金支給(返済不要)及び指導・助言を行う

2. 募集期間

募集期間は2024年3月中旬から5月初旬を予定。支給額等詳細は追ってホームページに掲載致します。

提出・問合せ先

公益財団法人
ホース未来福祉財団　事務局宛

〒145−0066　東京都大田区南雪谷2−17−8
TEL　03−3720−5800
(携帯)　080−9055−7869
FAX　03−4496−4948
mail　info@horse-fw.or.jp

https://horse-fw.or.jp

ホース未来福祉財団　検索

ISBN 978-4-909393-52-4　C2036　¥364E